MÉMOIRE

POUR

LE COMTE DE CAGLIOSTRO.

M. de Cagliostro ne demande que TRANQUILLITÉ et SURETÉ; l'HOSPITALITÉ les lui assure. *EXTRAIT d'une Lettre écrite par M. le Comte DE VERGENNES, Ministre des Affaires Étrangères, à M. GÉRARD, Préteur de Strasbourg, le 13 Mars 1783.*

TABLE.

MÉMOIRE
POUR
LE COMTE DE CAGLIOSTRO,
ACCUSÉ;
CONTRE
M. LE PROCUREUR-GÉNÉRAL,
ACCUSATEUR;

En préfence de M. le Cardinal DE ROHAN,
de la Comteffe DE LA MOTTE,
& autres Co-Accusés.

M. DE CAGLIOSTRO NE DEMANDE QUE TRANQUILLITÉ ET SURETÉ;
L'HOSPITALITÉ LES LUI ASSURE. *EXTRAIT d'une Lettre écrite
par M. le Comte de VERGENNES, Miniftre des Affaires Étrangères,
à M. GÉRARD, Préteur de Strasbourg, le 13 Mars 1783.*

A PARIS,

De l'Imprimerie de LOTTIN, *l'aîné,* & de LOTTIN de S.-Germain, Imprimeurs
Ordinaires de la VILLE, rue S.-André-des-Arcs, N° 27.

M.   CC. LXXXVI.

MÉMOIRE

POUR le Comte DE CAGLIOSTRO, Accusé;

CONTRE M. le PROCUREUR-GÉNÉRAL, Accusateur;

En préfence de M. le Cardinal DE ROHAN, de la Comteffe DE LA MOTTE, & autres Co-Accufés.

JE fuis opprimé, je fuis accufé, je fuis calomnié. Ai-je mérité mon fort? je defcends dans ma confcience, & j'y trouve la paix que les hommes me refufent.

J'ai beaucoup voyagé; je fuis connu dans toute l'Europe, & dans une grande partie de l'Afrique & de l'Afie. Je me fuis montré par-tout l'ami de mes femblables. Mes connoiffances, mon temps, ma fortune ont toujours & conftamment été employées au foulagement des malheureux. J'ai étudié, j'ai exercé la médecine; mais je n'ai point dégradé par des fpéculations lucratives, le plus noble & le plus confolant des arts. Un attrait, une impulfion irréfiftible m'a porté vers un être fouffrant, & je fuis devenu Médecin.

Affez riche pour pouvoir parcourir le cercle de bienfaifance que je m'étois tracé; j'ai fçu conferver mon indépendance, en donnant toujours & en ne recevant jamais; j'ai

A

porté la délicateffe jufqu'à refufer les bienfaits des Souverains. Les riches ont eu gratuitement mes remédes & mes
confeils. Les pauvres ont reçu de moi des remédes & de
l'argent. Je n'ai jamais contracté de dettes ; mes mœurs
font pures, auftères même, j'ofe le dire ; je n'ai jamais offenfé perfonne, ni par mes paroles, ni par mes actions, ni
par mes écrits. Les injures que j'ai reçues, je les ai par-
données ; le bien que j'ai fait, je l'ai fait en filence. Etranger
par-tout, j'ai rempli par-tout les devoirs de Citoyen ; par-
tout j'ai refpecté la religion, les loix & le gouvernement.
Telle eft l'hiftoire de ma vie.

Fixé depuis fix ans chez un peuple fpirituel, généreux,
hofpitalier, je penfois avoir trouvé une patrie adoptive : je
me félicitois d'avance du bien que je pouvois faire à mes
nouveaux Concitoyens : un coup de tonnerre a détruit l'illufion ; je fuis précipité dans les cachots de la Baftille. Mon
époufe, la plus aimable, la plus vertueufe des femmes a
été trainée dans le même gouffre ; des murs épais ; des
verroux multipliés la féparent de moi ; elle gemit, & je ne
puis l'entendre ! J'interroge mes gardiens ; ils fe taifent. Peut-
être, hélas ! n'eft-elle plus.... Une créature foible & fouffrante
aura-t-elle pu vivre fix mois dans un féjour où l'homme a
befoin de toute fa force, de tout fon courage & de toute
fa réfignation pour lutter contre le défefpoir. Mais j'en-
tretiens le Lecteur de mes peines, & j'oublie que je fuis
condamné à me juftifier.

Je fuis décrété de prife-de-corps. Quel crime ai-je commis ? de quoi m'accufe-t-on ? quel eft mon dénonciateur ?
y a-t-il des témoins qui dépofent contre moi ? J'ignore tout.
On ne me donne pas même connoiffance de la plainte fur

laquelle le décret a été rendu, & l'on veut que je me juſtifie! Comment parer des coups qui font portés par une puiſſance inviſible? On me répond que l'Ordonnance criminelle le veut ainſi. Je me tais, & m'incline en gémiſſant devant une loi auſſi rigoureuſe qu'allarmante pour l'innocence accuſée.

Je ne puis donc que ſoupçonner le genre de délit dont je ſuis accuſé. Si je me trompe, j'aurai combattu des chimeres; mais j'aurai du moins parlé en faveur de la vérité, & mis la ſaine partie du Public en état d'apprécier des libelles diſtribués contre un infortuné, dans le temps même où il eſt détenu dans les fers, menacé du double glaive de la juſtice & de l'autorité.

ETAT DE LA QUESTION.

Il paroit conſtant que les ſieurs Bohmer & Baſſanges ont remis à M. le Cardinal de Rohan, un Collier de diamants de la valeur de 1,600,000 liv.

Il paroit également conſtant que M. le Cardinal de Rohan a annoncé aux Joailliers qu'il n'étoit que le négociateur de cette acquiſition; que le véritable acquéreur étoit la Reine, & qu'il leur a montré, à cet effet, un écrit contenant les conditions de la vente, en marge duquel ſe trouvoient les mots *bon... bon... approuvé, Marie-Antoinette de France.*

La Reine a déclaré qu'elle n'avoit jamais donné d'ordres pour l'acquiſition du collier; que jamais elle n'avoit approuvé aucune condition d'achat, & qu'elle n'avoit pas reçu le collier.

A ij

Il exifte donc un corps de délit certain. Ce corps de délit, quel eft-il ?

Le bon fens & mes confeils me difent que ce n'eft point un *faux matériel ;* on n'a pas cherché à contrefaire l'écriture de la Reine; la fignature qui a fait illufion aux fieurs Bohmer & Baffanges n'eft pas même, dit-on, celle dont la Reine a coutume de fe fervir.

Qu'eft-ce-donc ? C'eft une *fuppofition de fignature* imaginée pour tromper les joailliers & les engager à livrer à crédit un bijou de grand prix, qu'ils n'auroient peut-être pas livré, s'ils avoient fçu qu'il fût deftiné pour d'autres que pour la Reine,

Qu'elle eft la peine réfervée à ce délit ? A l'abus d'un nom facré ? Je l'ignore; je n'ai point d'intérêt à le fçavoir; je me borne dans cette affaire, à demander pour moi juftice, & grace pour le coupable. L'innocence réfignée a peut-être le droit de s'exprimer ainfi :

Mais quel eft ce coupable ?

M. le Cardinal de Rohan fçavoit-il que la fignature étoit fuppofée ? Sçavoit-il que la Reine n'avoit point donné d'ordres pour l'achat du collier ? Sçavoit-il enfin que le collier ne feroit pas remis à la Reine ?

M. le Cardinal de Rohan n'a-t-il été au contraire que l'artifan innocent d'une tromperie dont-il a été la première victime ? A-t-il cru, n'a-t-il pas dû croire qu'il avoit été choifi pour être le négociateur d'une opération agréable à la Reine, & que S. M. vouloit envelopper, pendant quelque temps, des ombres du fecret ?

Impliqué, je ne fçais comment, dans de fi grands intérêts, je ne démentirai point, dans cette circonftance, la qualité d'ami des hommes que l'on m'a déférée quelque fois, & que j'ai peut-être méritée ; je defendrai mon innocence, sans embraſſer aucun parti. Diffamé de la manière la plus étrange par une femme à laquelle je n'ai jamais fait aucun mal ; je fais des vœux bien ſincères pour qu'elle puiſſe ſe juſtifier. Heureux, ſi dans cette affaire, la juſtice ne trouvoit aucun coupable à punir !

M. le Cardinal de Rohan a prétendu qu'il avoit été trompé par la Comteſſe de la Motte. Cette dernière s'eſt empreſſée, avant qu'il y eût aucun décret de prononcé, de faire paroître un Mémoire dans lequel elle m'accuſe *d'eſcroquerie*, *de ſortilége*, *de vol*, & notamment d'avoir conçu & exécuté le projet de ruiner M. le Cardinal de Rohan, & de m'être emparé de la *maſſe* d'un collier dont j'étois *dépoſitaire*, *pour en groſſir le tréſor occulte d'une fortune inouie*.

Telles ſont, en peu de mots, les imputations, qui inſérées dans un interrogatoire miniſtériel, m'ont fait conduire moi & mon épouſe dans les cachots de la Baſtille, & qui depuis, répétées dans un Mémoire imprimé avec des circonſtances atroces, imaginées à loiſir, ont fait décerner contre moi un décret de priſe de corps.

Je répondrai, puiſque j'y ſuis forcé, à des imputations que dans toute autre circonſtance, je me ſerois contenté de dédaigner ; mais auparavant je crois devoir me montrer tel que je ſuis. Il eſt temps qu'on ſçache quel eſt ce *Comte de Caglioſtro*, au ſujet duquel on a débité tant de fables impertinentes. Tant qu'il m'a été permis de vivre en homme obſcur, j'ai conſtamment refuſé de ſatisfaire la curioſité publique ; aujourd'hui que je ſuis dans les fers ; aujourd'hui que les Loix me demandent compte de mes actions, je parlerai. Je dirai avec ingénuité ce que je fçais de moi , & peut-être l'hiftoire de ma vie ne fera-t-elle pas la piéce la moins importante de ma juftification.

CONFESSION DU COMTE DE CAGLIOSTRO.

J'ignore le lieu qui ma vu naitre & les parents qui m'ont donné le jour. Différentes circonftances de ma vie m'ont fait concevoir des doutes, des foupçons que le Lecteur pourra partager ; mais, je le répéte, toutes mes recherches n'ont abouti, à cet égard, qu'à me donner fur ma naiffance des idées grandes à la vérité, mais vagues & incertaines.

J'ai paffé ma premiere enfance dans la Ville de Médine en Arabie. J'y ai été élevé fous le nom d'*Acharat*, nom que j'ai confervé dans mes voyages d'Afrique & d'Afie. J'étois logé dans le palais du Muphty (1) Salahaym.

Je me rappelle parfaitement que j'avois autour de moi quatre perfonnes, un Gouverneur, agé de 55 à 60 ans, nommé *Althotas*, & trois domeftiques, un blanc qui me fervoit de valet de chambre, & deux noirs, dont l'un étoit jour & nuit avec moi.

Mon Gouverneur m'a toujours dit que j'étois refté orphelin à l'âge de trois mois, & que mes parents étoient nobles & chrétiens ; mais il a gardé le filence le plus abfolu fur leur nom & fur le lieu de ma naiffance. Quelques mots dits au hazard m'ont fait foupçonner que j'étois né à Malte ; mais c'eft un fait qu'il m'a toujours été impoffible de vérifier.

____

(1) On fçait que le Muphty eft le chef de la Religion Mahométane, & que Médine eft le lieu de fa réfidence.

Althotas, dont il m'eſt impoſſible de prononcer le nom ſans attendriſſement, avoit pour moi les ſoins & l'affection d'un père : il ſe fit un plaiſir de cultiver les diſpoſitions que j'annonçois pour les ſciences. Je puis dire qu'il les poſſédoit toutes, depuis les plus abſtraites juſqu'à celles de pur agrément. La botanique & la phyſique médecinale furent celles dans leſquelles je fis le plus de progrès.

Ce fut lui qui m'apprit à adorer Dieu, à aimer & ſervir mon prochain, à reſpecter en tous lieux la Religion & les Loix.

Je portois, ainſi que lui, l'habit Muſulman ; nous profeſſions en apparence le Mahométiſme ; mais la véritable Religion étoit empreinte dans nos cœurs.

Le Muphti venoit me voir ſouvent, il me traitoit avec bonté, & paroiſſoit avoir beaucoup de conſidération pour mon Gouverneur.

Ce dernier m'apprit la plus grande partie des langues de l'Orient. Il me parloit ſouvent des pyramides d'Egypte, de ces immenſes ſouterreins creuſés par les anciens Egyptiens, pour renfermer & défendre contre l'injure des temps le dépôt précieux des connoiſſances humaines.

J'avois atteint ma douziéme année. L'envie de voyager, & de voir par moi-même les merveilles dont il m'entretenoit, s'empara de moi à un tel point que Médine & les jeux de mon enfance perdirent tous leurs charmes à mes yeux.

Althotas m'annonce un jour qu'enfin nous allions quitter Médine & commencer nos voyages. Il fait préparer une caravane, & nous partons, après avoir pris congé du

Mupthi qui voulut bien nous témoigner ſes regrets, de la manière la plus obligeante.

Nous arrivâmes à la Mecque & nous allâmes deſcendre au Palais du Chérif (1). On me fit prendre des habits plus magnifiques que ceux que j'avois portés juſques alors. Le troiſième jour de mon arrivée, mon Gouverneur me préſenta au Souverain, qui me fit les plus tendres careſſes. A l'aſpeȼt de ce Prince, un bouleverſement inexprimable s'empara de mes ſens ; mes yeux ſe remplirent des plus douces larmes que j'aye repandues de ma vie. Je fus témoin de l'effort qu'il faiſoit pour retenir les ſiennes. Ce moment eſt une des époques de mon exiſtence, qu'il m'eſt impoſſible de me rappeller ſans le plus vif attendriſſement.

Je reſtai trois années à la Mecque ; il ne ſe paſſoit pas de jour que je ne fuſſe admis chez le Chérif, & chaque jour voyoit croître ſon attachement & ma reconnoiſſance ; ſouvent je le ſurprenois les yeux attachés ſur moi, puis les élevant vers le ciel avec toutes les marques de la pitié & de l'attendriſſement. Je m'en retournois penſif, dévoré d'une curioſité toujours infruȼtueuſe. Je n'oſois interroger mon Gouverneur, qui me reprenoit avec ſévérité, comme ſi je ne pouvois pas ſans crime chercher à connoître les auteurs & le lieu de ma naiſſance.

La nuit, je m'entretenois avec le négre qui couchoit dans mon appartement, mais c'étoit envain que je tentois de ſurprendre ſon ſecret. Si je parlois de mes parens, il devenoit ſourd à toutes les queſtions que je pouvois lui faire. Une nuit que je le preſ-

____

(1) Souverain de la Mecque & de toute l'Arabie. Il eſt toujours pris parmi les deſcendants de Mahomet.

ſois

fois plus vivement que de coutume, il me dit que si jamais je quittois la Mecque, j'étois menacé des plus grands
malheurs, & que je devois sur-tout me garder de la Ville
de Trébisonde (1).

Mon goût pour les voyages l'emportoit sur ses pressen-
timens. J'étois las de la vie uniforme que je menois à la
Cour du Chérif.

Un jour, je le vis entrer seul dans l'appartement que
j'occupois; mon étonnement fut extrême de recevoir une
semblable faveur; il me serra dans ses bras avec plus de
tendresse qu'il ne l'avoit jamais fait, me recommanda de
ne jamais cesser d'adorer l'Eternel, m'assura qu'en le servant
fidélement, je finirois par être heureux & connoître mon
sort; puis il me dit, en baignant mon visage de ses larmes:
« Adieu, fils infortuné de la Nature ». Ces paroles & le ton
avec lequel il les prononça, resteront éternellement gravés
dans ma mémoire.

Ce fut la dernière fois que je pus jouir de sa présence.
Une Caravanne, préparée exprès pour moi, m'attendoit; je
partis & quittai la Mecque, pour n'y plus retourner.

Je commençai mes voyages par l'Egypte; je visitai ces
fameuses pyramides, qui ne sont aux yeux des observateurs
superficiels, qu'une masse énorme de marbre & de granit.
Je fis connoissance avec les Ministres de différents Temples
qui voulurent bien m'introduire dans des lieux où le commun des Voyageurs ne pénétra jamais.

Je parcourus ensuite, pendant le cours de trois années,
les principaux Royaumes de l'Afrique & de l'Asie.

---

(1) Capitale d'un Empire voisin de l'Arabie.

B

Ce n'eſt pas ici le lieu de donner connoiſſance au Public des différentes obſervations que j'ai faites dans mes voyages, & des aventures vraiment extraordinaires qui me ſont arrivées. Je crois devoir remettre à un moment plus favorable, cette partie de mon hiſtoire.

Le ſoin de ma juſtification étant le ſeul qui m'occupe, je vais parler de mes voyages en Europe. Je nommerai les perſonnes qui m'ont connu, & il ſera facile, à ceux que mon ſort peut intéreſſer, de vérifier la plus grande partie des faits que je vais raconter.

J'arrivai, en 1766, dans l'île de Rhodes avec mon Gouverneur & les trois domeſtiques qui ne m'avoient pas quitté depuis mon enfance. Je m'embarquai ſur un vaiſſeau François qui faiſoit voile pour Malte.

Malgré l'uſage qui oblige les vaiſſeaux venant du Levant à faire leur quarantaine, j'obtins, au bout de deux jours, la permiſſion de débarquer. Le Grand-Maître Pinto, me donna, ainſi qu'à mon Gouverneur, un logement dans ſon Palais. Je me rappelle que l'appartement que j'occupois étoit voiſin du laboratoire.

La premiere choſe que fit le Grand-Maître, fut de prier le Chevalier d'Aquino, de l'illuſte Maiſon des Princes de Caramanica, de vouloir bien m'accompagner par-tout, & me faire les honneurs de l'Ile.

Je pris alors pour la première fois, avec l'habit Européen, le nom de *Comte de Caglioſtro*, & je ne fus pas peu ſurpris de voir Althotas revêtu d'un habit Eccléſiaſtique & décoré de la Croix de Malte.

Le Chevalier d'Aquino me fit faire connoiſſance avec toutes les Grandes-Croix de l'Ordre : je me rappelle même d'avoir mangé chez M. le Bailli de Rohan, aujourd'hui Grand Maître. J'étois loin de prévoir alors que, vingt ans après, je serois arrêté & conduit à la Baftille pour avoir été honoré de l'amitié d'un Prince du même nom.

J'ai tout lieu de penfer que le Grand-Maître Pinto étoit inftruit de mon origine. Il me parla plufieurs fois du Chérif & de Trébifonde; mais il ne voulut jamais s'expliquer clairement fur cet objet.

Du refte il me traita toujours avec la plus grande diftinction, & m'offrit l'avancement le plus rapide, dans le cas où je me déterminerois à faire des vœux. Mais mon goût pour les voyages & l'afcendant qui me portoit à exercer la médecine, me firent refufer des offres auffi généreufes qu'honorables.

Ce fut dans l'île de Malte que j'eus le malheur de perdre mon meilleur ami, mon maître, le plus fage, le plus éclairé des mortels, le vénérable Althotas. Quelques momens avant fa mort il me ferra la main : « Mon fils, me » dit-il d'une voix prefque éteinte, ayez toujours devant » les yeux la crainte de l'Eternel & l'amour de votre pro- » chain; vous apprendrez bientôt la vérité de tout ce que » je vous ai enfeigné ».

L'île où je venois de perdre l'ami qui m'avoit tenu lieu de Père, devint bien-tôt pour moi, un féjour infupportable. Je demandai au Grand-Maître la permiffion de la quitter pour parcourir l'Europe; il y confentit à regret & me fit promettre que je reviendrois à Malte. Le Chevalier d'Aquino voulut bien fe charger de m'accompagner dans mes voyages, & de pourvoir à tous mes befoins.

Je partis en effet avec lui. Nous vifitâmes d'abord la

Sicile, où le Chevalier me procura la connoiſſance de la Nobleſſe du Pays.

Delà nous viſitâmes les différentes îles de l'Archipel; &, après avoir parcouru de nouveau la Méditerannée, nous abordâmes à Naples, Patrie du Chevalier d'Aquino.

Ses affaires ayant exigé de lui quelques voyages particuliers, je partis ſeul pour Rome, avec des Lettres de crédit pour le ſieur *Bellonne* Banquier.

Arrivé dans cette Capitale du monde Chrétien, je réſolus de garder l'*incognito* le plus parfait. Un matin, comme j'étois renfermé chez moi, occupé à me perfectionner dans la langue Italienne, mon valet-de-chambre m'annonça la viſite du Secrétaire du Cardinal Orſini. Ce Secrétaire étoit chargé de me prier d'aller voir ſon Eminence; je m'y rendis en effet. Le Cardinal me fit toute les politeſſes imaginables, m'invita pluſieurs fois à manger chez lui, & me fit connoître la plupart des Cardinaux & Princes Romains, & notamment le Cardinal d'Yorck & le Cardinal Ganganelli, depuis Pape ſous le nom de *Clément XIV*. Le Pape Rezzonico, qui occupoit alors la Chaire de S. Pierre, ayant déſiré de me connoître, j'eus pluſieurs fois l'honneur d'être admis à des conférences particulières avec Sa Sainteté.

J'étois alors (1770) dans ma 22me année. Le hazard me procura la connoiſſance d'une demoiſelle de qualité nommée *Séraphina Félichiani*. Elle étoit à peine au ſortir de l'enfance : ſes charmes naiſſans allumèrent dans mon cœur une paſſion que ſeize années de mariage n'ont fait que fortifier. C'eſt cette infortunée, que ni ſes vertus ni ſon innocence, ni ſa qualité d'étrangere n'ont pu ſauver des rigueurs d'une captivité auſſi cruelle que peu méritée

N'ayant ni le temps ni la volonté d'écrire des volumes, je n'entrerai pas dans le détail des voyages que j'ai faits dans tous les Royaumes de l'Europe; je me contenterai de citer les perſonnes de qui j'ai été connu. La plupart vivent encore. J'invoque hautement leur témoignage. Qu'elles diſent ſi jamais j'ai commis une ſeule action indigne d'un homme d'honneur; qu'elles diſent ſi jamais j'ai ſollicité une ſeule grace; ſi jamais j'ai mendié la protection des Souverains qui ont été curieux de me connoître; qu'elles diſent enfin ſi, en tout temps & en tous lieux, j'ai fait autre choſe que guérir gratuitement les malades, & ſoulager les pauvres.

Les perſonnes que j'ai connues plus particulièrement, ſont :

En Eſpagne, Le Duc d'Albe, ſon fils le Duc de Veſcard, le Comte de Prélata, le Duc de Médinaceli, le Comte de Riglas, parent de M. le Comte d'Aranda , Ambaſſadeur de S. M. Catholique près de la Cour de France.

En Portugal, Le Comte de San-Vincenti , par qui j'ai été préſenté à la Cour. Mon Banquier, à Lisbonne, ſe nommoit *Anſelmo la Cruce.*

A Londres , La Nobleſſe & le Peuple.

En Hollande, Le Duc de Brunſwick, à qui j'ai eu l'honneur d'être préſenté.

En Courlande, Le Duc & la Ducheſſe régnants.

Toutes les Cours d'Allemagne.

A Pétersbourg, Le Prince Potenchin, M. Nariſcin, le Général Gélacin , le Général des Coſaques , le Général Médicino, le Chevalier de Corbéron , chargé des affaires de la France.

En Pologne, La Comteſſe Comceska, le Comte Gévuski, la Princeſſe....... aujourd'hui Princeſſe de Naſſau, &c.

J'obſerverai que, voulant n'être pas reconnu, il m'eſt arrivé de voyager ſous différens noms. Je me ſuis appellé ſucceſſivement : le *Comte Harat*, le *Comte Fénix*, le *Marquis d'Anna*. Mais le nom ſous lequel je ſuis le plus généralement connu en Europe, eſt celui de *Comte de Caglioſtro*.

Je ſuis arrivé à Strasbourg le 19 Septembre 1780, ayant été, peu de jours après mon arrivée, reconnu par le Comte Gévuski, je me vis forcé de céder aux inſtances générales de la Ville & de toute la Nobleſſe d'Alſace, & de conſacrer mes talens en Médecine au ſervice du Public. Je puis citer parmi les connoiſſances que j'ai faites dans cette Ville, M. le Maréchal de Contades, le Marquis de la Salle ; le Baron de Fraxilande, le Baron de l'Or, le Baron Vorminſer, le Baron de Diédérik, Mme la Princeſſe Chriſtine, & pluſieurs autres perſonnes.

Tous ceux qui m'ont connu à Strasbourg, ſavent quelles y ont été mes actions & mes occupations. Si j'ai été calomnié dans des libelles obſcurs, les papiers publics & quelques Auteurs équitables m'ont rendu juſtice.

Qu'il me ſoit permis de citer un paſſage d'un Livre imprimé en 1783, ayant pour titre : *Lettres ſur la Suiſſe.*

L'eſtimable Auteur de ces Lettres, s'exprime ainſi tom. I. page 5, & ſuivantes :

├ Cet homme ſingulier, étonnant, admirable par ſa
» conduite & par ſes vaſtes connoiſſances, d'une figure qui
» annonce l'eſprit, & exprime le génie, ayant des yeux de
» feu qui liſent au fond des âmes, eſt arrivé de Ruſſie de-

» puis fept on huit mois, & paroît vouloir fe fixer dans cette
» Ville, (Strasbourg) au moins pour quelque temps. Perfonne
» ne fçait d'où il eft, ce qu'il eft, où il va. Aimé, chéri, re-
» fpecté des Commandants de la Place & des principaux de
» la ville; adoré des Pauvres & du petit peuple; haï, ca-
» lomnié, perfécuté par certaines gens; ne recevant ni ar-
» gent ni préfents de ceux qu'il guérit; paffant fa vie à
» voir des malades, fur-tout des Pauvres, les aidant de
» remédes qu'il leur diftribue *gratis*, & de fa bourfe pour
» avoir du bouillon; mangeant fort peu, & prefque tou-
» jours des pâtes d'Italie; ne fe couchant jamais, & ne dor-
» mant qu'environ deux ou trois heures affis fur un fauteuil;
» enfin toujours prêt à voler au fecours des malheureux à
» quelque heure que ce foit, & n'ayant d'autre plaifir que
» celui de foulager fes femblables : cet homme incroyable,
» tient un état d'autant plus étonnant qu'il paie tout d'a-
» vance, & qu'on ne fçait d'où il tire fes revenus, ni qui
» lui fournit de l'argent. Vous fentez bien, Madame, qu'on
» fait force plaifanteries à fes dépens; c'eft au moins l'An-
» te-Chrift; il a cinq ou fix cents ans; il pofféde la pierre
» Philofophale, la médecine univerfelle : enfin c'eft une de
» ces intelligences que le Créateur envoie quelquefois fur
» la terre revêtues d'une enveloppe mortelle. Si cela eft,
» c'eft une intelligence bien eftimable. J'ai vu peu d'âmes
» auffi fenfibles que la fienne, de cœurs fi tendres, fi bons
» & fi compatiffans. Perfonne n'a plus d'efprit & de con-
» noiffances que lui : il fçait prefque toutes les Langues de
» l'Europe & de l'Afie, & fon éloquence étonne & entraîne
» même dans celle qu'il parle le moins bien. Je ne vous dis
» rien de fes cures merveilleufes; il faudroit des volumes, &

» tous les Journaux vous en parleront. Vous fçaurez feule-
» ment que de plus de quinze mille malades qu'il a traités,
» fes ennemis les plus forcenés ne lui reprochent que trois
» morts, auxquelles encore il n'a pas plus de part que moi.
» . . . . : . . . .

   » Pardonnez-moi, Madame, fi je m'arrête encore quel-
» ques moments fur cet homme inconcevable. Je fors de fon
» audience. Oh! que vous chéririez ce digne Mortel, fi vous
» l'euffiez vu, comme moi, courir de pauvre en pauvre,
» panfer avec ardeur leurs bleffures dégoûtantes, adoucir
» leurs maux, les confoler par l'efpérance, leur difpenfer fes
» remédes, les combler de bienfaits; enfin les accabler de
» fes dons, fans autre but que celui de fecourir l'humanité
» fouffrante, & de jouir de l'ineftimable douceur d'être fur
» terre l'image de la Divinité bienfaifante!

   » Repréfentez-vous, Madame, une falle immenfe, rem-
» plie de ces malheureufes créatures prefque toutes privées
» de tout fecours, & tendant vers le Ciel leurs mains dé-
» faillantes qu'elles avoient peine à foulever pour implorer
» la charité du Comte.

   » Il les écoute l'un après l'autre, n'oublie pas une de leurs
» paroles, fort pour quelques moments, rentre bien-tôt chargé
» d'une foule de remédes qu'il difpenfe à chacun de ces
» infortunés, en leur répétant ce qu'ils lui ont dit de leur
» maladie, & les affurant qu'ils feront bientôt guéris, s'ils
» veulent exécuter fidélement fes ordonnances. Mais les re-
» médes feuls feroient infuffifants; il leur faut du bouillon
» pour acquérir la force de les fupporter : peu d'entr'eux
» ont les moyens de s'en procurer; la bourfe du fenfible
» Comte eft partagée entr'eux; il femble qu'elle foit in-
épuifable.

» épuifable. Plus heureux de donner, qu'eux de recevoir, fa
» joie fe manifefte par fa fenfibilité: Ces malheureux, pé-
» nétrés de reconnoiffance, d'amour & de refpect, fe profter-
» nent à fes pieds, embraffent fes genoux, l'appellent leur
» Sauveur, leur Père, leur Dieu...... Le bon homme s'at-
» tendrit, les larmes coulent de fes yeux; il voudroit les
» cacher; mais il n'en à pas la force, il pleure; & l'affem-
» blée fond en larmes; .... larmes délicieufes qui font
» la jouiffance du cœur, & dont les charmes ne peuvent fe
» concevoir, quand on n'a pas été affez heureux pour en verfer
» de femblables.

» Voilà une bien foible efquiffe du fpectacle enchanteur
» dont je viens de jouir, & qui fe renouvelle trois fois
» chaque femaine ».

Le témoignage que cet auteur rend à la vérité n'a rien
d'exagéré.

On peut interroger les Curés des paroiffes; ils diront le
bien que j'ai fait à leurs pauvres.

On peut interroger le Corps d'Artillerie & les différents
Régiments qui étoient alors en garnifon à Strasbourg; ils
diront le nombre des Soldats que j'ai gueris.

On peut interroger l'Apothicaire dont je me fervois; il
dira la quantité de médicamens que je faifois faire pour
les pauvres, & que je payois chaque jour argent comptant.

On peut interroger les Aubergiftes; ils diront fi leurs Au-
berges, fi les Hôtels garnis pouvoient fuffire au grand
concours d'Etrangers que j'attirois à Strasbourg.

On peut interroger les Geoliers; ils diront comment je
me fuis conduit envers les pauvres Prifonniers, & le nombre
de ceux que j'ai délivrés.

C

Que les Chefs de la Ville, que les Magistrats, que le Public entier dife fi jamais j'ai caufé de fcandale, & fi dans mes actions il s'en eft trouvé une feule contraire aux loix, aux bonnes mœurs, à la Religion.

Si, depuis mon féjour en France, j'ai offenfé une feule perfonne, qu'elle fe léve & rende témoignage contre moi.

Je ne prétends pas me glorifier; j'ai fait le bien parce que j'ai dû le faire. Mais enfin quel fruit ai-je recueilli des fervices que j'ai rendus à la Nation Françoife? Le dirai-je dans l'amertume de mon cœur? des Libelles & la Baftille.

Il y avoit à-peu-près un an que j'étois à Strasbourg, lorfqu'un foir en rentrant chez moi, j'eus l'agréable furprife d'y trouver le Chevalier d'Aquino (1), qui ayant appris, par les Gazettes, mon féjour à Strasbourg, avoit fait le voyage exprès pour venir refferrer les nœuds de notre ancienne amitié.

Le Chevalier d'Aquino a vu les Chefs de la Ville, auxquels il a pu dire ce qu'il fçavoit du féjour que j'avois fait à Malte, & de la diftinction avec laquelle le Grand-Maître Pinto m'avoit traité.

Peu de temps après mon arrivée en France, M. le Cardinal de Rohan m'avoit fait dire, par le Baron de Millinens, fon Grand-Veneur, qu'il défiroit de me connoître. Tant que le Prince ne fit voir à mon égard qu'un motif de curiofité, je refufai de le fatisfaire; mais bientôt, m'ayant envoyé dire qu'il avoit une attaque d'afthme, & qu'il vouloit

---

(1) Le Lecteur eft prié de fe fouvenir que c'eft le même Chevalier d'Aquino, avec lequel j'avois fait connoiffance à Malte, & qui m'avoit accompagné dans mes premiers voyages en Europe.

me confulter , je me rendis avec empreffement en fon
Palais Epifcopal. Je lui fis part de mon opinion fur fa
maladie; il parut fatisfait , & me pria de l'aller voir de
temps en temps.

Dans le courant de 1781 , M. le Cardinal me fit l'honneur de venir chez moi pour me confulter fur la maladie
du Prince de Soubife. Il étoit attaqué de la gangrenne ,
& j'avois eu le bonheur de guérir d'une maladie femblable
le Secrétaire du Marquis de la Salle qui étoit abandonné
des Médecins. Je fis quelques queftions à M. le Cardinal
fur la maladie du Prince ; mais il m'interrompit en me
priant avec inftance de l'accompagner à Paris. Il mit
tant d'honnêteté dans fes inftances qu'il me fût impoffible
de le refufer. Je partis donc, en laiffant à mon Chirurgien
& à mes amis les ordres néceffaires pour que mes malades
& les pauvres ne fouffriffent pas de mon abfence.

Arrivés à Paris, M. le Cardinal voulut d'abord me conduire chez M. le Prince de Soubife; mais je le refufai en
lui difant que mon intention étant d'éviter toute efpéce
d'altercation avec la Faculté , je ne voulois voir le Prince
que lorfque les Médecins l'auroient déclaré fans efpérance.

M. Le Cardinal, ayant eu la bonté de fe prêter à cet ar-
rangement, revint en me difant que la Faculté avoit
annoncé qu'il y avoit du mieux. Je lui déclarai alors que
je n'irois pas voir le Prince, ne voulant pas ufurper la
gloire d'une guérifon qui n'auroit pas été mon ouvrage.

Le Public ayant été inftruit de mon arrivée , il vint
tant de monde me confulter, que pendant les treize jours
que je reftai à Paris , je fus occupé tous les jours à voir
des malades depuis cinq heures du matin jufqu'à minuit.

C ij

Je me fervis d'un Apothicaire ; mais je donnai à mes frais beaucoup plus de médicaments qu'il n'en vendit ; j'attefte à cet égard toutes les perfonnes qui ont eu recours à moi. S'il en eft une feule qui puiffe dire m'avoir fait accepter la plus petite fomme foit en argent, foit en préfents, je confens que l'on me refufe toute efpéce de confiance.

Le Prince Louis me reconduifit jufqu'à Saverne, & me fit beaucoup de remercîments, en me priant de le venir voir le plus fouvent qu'il me feroit poffible.

Je retournai fur-le-champ à Strafbourg, où je recommençai mes travaux accoutumés. Le bien que je faifois me valut différents Libelles, dans lefquels j'étois traité d'Ante-Chrift, de Juif-Errant, d'Homme de 1,400, &c. Fatigué de tant d'injures, j'avois pris la réfolution de partir. Différentes Lettres que les Miniftres du Roi eurent la bonté d'écrire à mon fujet me firent changer de réfolution. Je crois qu'il eft important dans ma caufe de mettre fous les yeux des Juges & du Public, des Recommandations d'autant plus honorables pour moi, que je ne les avois follicitées ni directement ni indirectement.

COPIE de la Lettre écrite par M. le Comte DE VERGENNES, Miniftre des Affaires Etrangères, à M. GÉRARD, Préteur de Strasbourg, datée de Verfailles, le 13 Mars 1783.

« Je ne connois pas, Monfieur, perfonnellement M. le
» Comte de Caglioftro ; mais tous *les rapports, depuis le temps*
» *qu'il réfide à Strasbourg, lui font fi avantageux, que l'huma-*
» *nité réclame pour qu'il y trouve égards & tranquillité.* Sa qua-
» lité d'étranger, & le bien qu'il paffe pour conftant qu'il

» fait, font des titres qui m'autorifent à vous le *recommander*,
» & au Magiftrat que vous préfidez. M. de Caglioftro ne
» demande que *tranquillité & sûreté; l'hofpitalité les lui affure;*
» &, connoiffant vos difpofitions naturelles, je fuis bien per-
» fuadé que vous-vous emprefferez à l'en faire jouir, & des
» *agréments* qu'il peut mériter perfonnellement.

» J'ai l'honnenr d'être très-parfaitement, Monfieur, votre
» très-humble, & très obéiffant ferviteur :

» *Signé*, DE VERGENNES.

COPIE de la Lettre de M. le Marquis DE MIROMÉNIL *,
Garde-des-Sceaux, à M.* GÉRARD *, Préteur de Strasbourg,
datée de Verfailles, le 15 Mars 1783.*

MONSIEUR,

» Le Sieur Comte de Caglioftro s'eft employé avec zèle
» depuis qu'il eft à Strafbourg à foulager les pauvres & les
» malheureux, & *j'ai connoiffance de plufieurs actions pleines
» d'humanité de cet Etranger*, qui méritent qu'on lui accorde
» *une protection particulière.* Je vous recommande de lui pro-
» curer, en ce qui vous concerne, ainfi que le Magiftrat que
» vous préfidez, tout l'*appui* & toute *la tranquillité dont un
» Etranger doit jouir dans les Etats du Roi, fur-tout lorfqu'il
» s'y rend utile.*

» Je fuis, Monfieur, votre affectionné ferviteur :

» *Signé*, MIROMÉNIL.

COPIE de la Lettre écrite par M. le Marquis de SÉGUR *,
à M. le Marquis* DE LA SALLE *, en date du 15 Mars
1783.*

» La *bonne conduite* qu'on m'a affuré, Monfieur, que le
» Sieur de Caglioftro a conftamment tenue à Strafbourg,

» *l'ufage refpeƈtable qu'il a fait dans cette ville de fes connoiffances*
» *& de fes talents , & les preuves multipliées d'humanité qu'il y a*
» *données* envers les particuliers attaqués de différentes ma-
» ladies, qui ont eu recours à lui, méritent à cet Etranger la
» *proteƈtion du Gouvernement.* Le Roi vous charge de veiller
» non-feulement à ce qu'il ne foit point *inquiété* à Strafbourg,
» lorfqu'il jugera à propos d'y retourner, mais même à ce
» qu'il éprouve dans cette ville les *égards* que les fervices
» qu'il rend aux malheureux doivent lui procurer.

  » J'ai l'honneur d'être, &c. *Signé*, Ségur.

  C'eft fur la foi de ces Lettres & des difpofitions du Monarque à mon égard, que je m'étois plû à confidérer la
France comme le terme de mes voyages. Pouvois je croire
que,deux ans après,les droits facrés de l'hofpitalité, ces droits
fi folemnellement reconnus, fi noblement exprimés dans des
Lettres écrites au nom du Roi, feroient inutilement invo-
qués par moi & par ma malheureufe époufe !

  La tranquillité que les Lettres Miniftérielles me procurè-
rent ne fut pas de longue durée. Perfécuté par une claffe
d'hommes à laquelle mes fuccès déplaifoient depuis long-
temps , je me décidai à quitter Strafbourg, bien réfolu
de ne plus m'expofer dorénavant à la malice des envieux.

  J'étois dans ces difpofitions, lorfque je reçus une Lettre
du Chevalier d'Aquino, par laquelle il me marquoit qu'il
étoit dangereufement malade. Je partis fur-le-champ ; mais,
quelque diligence que je pus faire, je n'arrivai à Naples que
pour y recevoir les derniers foupirs de mon malheureux
ami.

  Peu de jours après mon arrivée, je fus reconnu par l'Am-
baffadeur de Sardaigne, & plufieurs autres perfonnes. Me

voyant de nouveau perfécuté pour reprendre la Médecine, je pris le parti d'aller en Angleterre : je traverfai à cet effet la partie méridionale de la France, & j'arrivai à Bordeaux le 8 Novembre 1783.

Etant allé au Spectacle de cette Ville, je fus reconnu par un Officier de Cavalerie, qui fe hâta d'apprendre aux Jurats qui j'étois. Le Chevalier Roland, l'un d'eux, eut l'honnêteté de venir, au nom de tous fes Confrères, m'offrir à moi & à mon époufe une place dans leur loge, toutes les fois que nous voudrions venir au Spectacle. Les Jurats & le Public m'ayant fait l'accueil le plus diftingué, & m'ayant vivement follicité de me confacrer, ainfi qu'à Strafbourg, au fervice des malades, je me laiffai perfuader, & commençai à donner des audiences & à diftribuer aux pauvres des remédes & des fommes pécuniaires. Le concours devint fi grand que je fus obligé d'avoir recours aux Jurats pour avoir des foldats à l'effet d'entretenir l'ordre dans ma maifon.

C'eft à Bordeaux que j'eus l'honneur de faire connoiffance avec M. le Maréchal de Mouchi, M. le Comte de Fumel, M. le Vicomte du Hamel & autres Perfonnes dignes de foi qui attefteront, s'il le faut, la manière dont je me fuis conduit dans cette Ville.

Le même genre de perfécution qui m'avoit éloigné de Strasbourg, m'ayant fuivi à Bordeaux, je pris le parti, après onze mois de féjour, de m'en aller à Lyon, où j'arrivai dans les derniers jours d'Octobre 1784; je ne reftai que trois mois dans cette dernière Ville, & je partis pour Paris, où j'arrivai le 30 Janvier 1785. Je defcendis dans un des Hôtel garnis du Palais-Royal; &, peu de temps après, j'allai habiter une maison rue S.-Claude, près du Boulevard.

Mon premier foin fut de déclarer à toutes les Perfonnes de ma connoiffance que mon intentio nétoit de vivre tranquille, & que je ne voulois plus m'occuper de médecine; j'ai tenu ma parole, & me fuis refufé obftinément à toutes les follicitations qui m'ont été faites à cet égard.

Le Prince Louis m'a fait de temps-en-temps l'honneur de me venir voir. Je me rappelle qu'un jour il me propofa de me faire faire connoiffance avec une Dame appellée Valois de la Motte, & voici à quel fujet.

« La Reine, me dit M. le Cardinal de Rohan, eft plon-
» gée dans la plus profonde trifteffe, parce qu'on lui a
» prédit qu'elle devoit mourir dans fon accouchement. Ce
» feroit pour moi le plus grand des plaifirs, fi je pouvois
» parvenir à la défabufer, & à rendre le calme à fon ima-
» gination. Madame de Valois voit la Reine journellement;
» vous me ferez un très-grand plaifir, fi elle vous demande
» votre opinion, de lui dire que la Reine accouchera heu-
» reufement d'un Prince ».

Je confentis d'autant plus volontiers à ce que M. le Cardinal me demandoit, qu'en l'obligeant, je me trouvois indirectement dans le cas d'avoir une influence heureufe fur la fanté de la Reine.

Etant allé le lendemain à l'Hôtel du Prince, j'y trouvai la Comteffe de la Motte; qui, après m'avoir dit beaucoup de chofes obligeantes, me parla ainfi : « Je connois à Ver-
» failles une perfonne de grande diftinction, à laquelle on
» a prédit, ainfi qu'à une autre Dame, qu'elles devoient
» mourir toutes les deux dans leur accouchement; l'une eft
» déjà morte & l'autre n'attend, qu'avec la plus vive in-
» quiétude

» quiétude, l'inftant où elle doit accoucher, fi vous pouvez
» connoître la vérité de ce qui arrivera, ou fi vous croyez
» qu'il foit poffible d'en être inftruit; j'i.ai demain à Ver-
» failles pour en faire le rapport à la perfonne intéreffée;
» cette perfonne, ajouta-t-elle, eft la Reine ».

Je répondis à la Comteffe de la Motte que toutes les
prédictions étoient des fottifes; qu'au furplus elle pouvoit
dire à la perfonne de fe recommander à l'Eternel; que fes
premières couches avoient été heureufes & que celles-ci le
feroient également.

La Comteffe de la Motte ne fe contenta pas de cette
réponfe, elle infifta pour obtenir de moi quelque chofe de
plus pofitif.

Je me rappellai alors la promeffe que j'avois faite au
Prince. Je pris un ton très-grave, & dis à la Comteffe de
la Motte avec le plus de férieux qu'il me fut poffible :
« Madame, vous fçavez que j'ai quelques lumières fur la
» phyfique médécinale. J'en poffède également quelques-
» unes fur le Magnétifme Animal. Mon avis eft qu'une créa-
» ture innocente peut, en pareil cas, opérer avec plus
» de force que toute autre. Ainfi, fi vous voulez connoître
» la vérité, commencez par me procurer une créature in-
» nocente ».

La Comteffe me répondit : « Puifque vous avez befoin
» d'une créature innocente, j'ai une Niéce qui l'eft infiniment;
» je l'aménerai demain.

J'imaginois que cette Niéce innocente étoit un enfant de
cinq à fix ans. Je fus fort étonné en trouvant le lendemain,
chez le Prince, une demoifelle de quatorze à quinze ans, plus
grande que moi. « Voilà, me dit la Comteffe, l'innocente

» dont je vous ai parlé ». J'eus befoin de compofer mon vi-
fage pour ne pas éclater de rire. Mais enfin je tins bon, &
dis à la D^{lle} la Tour (c'eft le nom de la Niéce dela Comteffe
de la Motte) « Mlle, eft-il bien vrai que vous foyez inno-
» cente »? Elle me répondit avec plus d'affurance que d'ingénuité. « Oui, Monfieur », hé bien, Mlle, je vais dans
» un inftant connoître fi vous l'êtes; recommandez vous
» à Dieu & à votre innocence. Mettez-vous derrière ce
» paravent, fermez les yeux & défirez en vous-même la
» chofe que vous fouhaitez voir; fi vous êtes innocente vous
» verrez ce que vous défirez voir; mais fi vous ne l'êtes pas,
» vous ne verrez rien ».

La D^{lle} la Tour fe plaça auffi tôt derrière le paravent,
& je reftai en dehors avec le Prince qui fe trouvoit à côté
de la cheminée, non pas en *extafe*, comme l'a prétendu la
D^{me} de la Motte; mais la main fur fa bouche pour ne pas
troubler, par un rire indifcret, nos graves cérémonies.

La D^{lle} la Tour étant donc derrière le paravent, je me
mis, pendant quelques moments, à faire quelques geftes
magnetiques; puis je lui dis : «Frappez un coup par terre,
» avec votre pied *innocent*, & dites-moi fi vous voyez quel-
» que chofe »? « Je ne vois rien, me dit-elle ». «Eh bien,
» Mlle, lui dis-je alors, en donnant un grand coup fur le
» paravent, vous n'êtes point innocente». A ces mots la D^{lle}
de la Tour, piquee de l'obfervation, s'écria, « Qu'elle voyoit
la *Reine* ». Je vis alors que la Niece innocente avoit été en-
doctrinee par la Tante, qui ne l'étoit pas.

Défirant de voir comment elle joueroit fon rôle, je lui demandai la defcription du fantôme qu'elle voyoit. Elle me
répondit que la Dame étoit groffe, qu'elle étoit habillee de

blanc, & elle détailla fes traits, qui étoient précifément ceux de la Reine. « Demandez, lui dis-je, à cette Dame » fi elle accouchera heureufement ». Elle me répondit que la Dame baiffoit la tête, & qu'elle accoucheroit fans aucune fuite fâcheufe. « Je vous commande, lui dis-je enfin, de » baifer refpectueufement la main de cette Dame ». L'innocente baifa fa propre main, & fortit de derrière le paravent, très-contente de nous avoir perfuadés fur le chapitre de fon innocence.

La Tante & la Niéce mangèrent des confitures, burent de la limonade, & fe retirèrent un quart d'heure après, par un efcalier dérobé. Le Prince me reconduifit chez moi, en me remerciant de ce que j'avois bien voulu faire pour l'obliger.

Ainfi finit une comédie auffi innocente en elle-même, que louable dans fon motif.

Trois ou quatre jours après, m'étant trouvé chez M. le Cardinal, avec la Comteffe de la Motte, ils me prièrent de recommencer le même badinage avec un petit garçon de cinq à fix ans : je ne crus pas devoir leur refufer cette légère fatisfaction. Pouvois-je imaginer qu'une plaifanterie de fociété feroit un jour dénoncée au Miniftère public comme un acte de forcelerie, une profanation facrilége des Myftères du Chriftianifme ?

Le Prince m'ayant ainfi fait connoître la Comteffe de la Motte, me demanda ce que j'en penfois. J'ai toujours eu la prétention d'être un peu connoiffeur en phyfionomie. Je fuis franc. Je répondis au Prince que je regardois la Comteffe de la Motte comme une fourbe & une intrigante. Le Prince m'interrompit, en me difant que c'étoit une honnête-femme; mais qu'elle étoit dans la misère. Je lui obfervai que s'il étoit vrai, comme elle le difoit, qu'elle fût particulièrement protégée de la Reine, elle jouiroit d'une meilleure fortune, & qu'elle n'auroit pas befoin de recourir à une autre protection.

Nous reftâmes le Prince & moi chacun dans notre opinion. Il partit peu de temps après pour Saverne, où il féjourna un mois ou fix femaines. A fon retour il vint chez moi plus fouvent que de coutume. Je le voyois inquiet, rêveur, chagrin. Je refpectois fon fecret. Mais toutes les fois qu'il étoit queftion de la Comteffe de la Motte, je lui difois, avec ma franchife accoutumée: *Cette femme là vous trompe.*

Quinze jours à-peu-près avant qu'il ne fût arrêté, il me dit : « Mon cher Comte, je commence à croire que vous » avez raifon, & que Madame Valois eft une intrigante ». Et il me raconta alors, pour la première fois, l'hiftoire du Collier, & me fit part des foupçons qu'il avoit conçus, & de la crainte qu'il avoit qu'en effet le Collier n'eût pas été remis à la Reine, & moi de perfifter plus que jamais dans ma premiere opinion.

Le lendemain de cette converfation, le Prince me dit que le Comte & la Comteffe de la Motte s'étoient réfugiés chez lui, dans la crainte qu'ils avoient des fuites de l'affaire ; & qu'ils le prioient de leur donner des lettres de recommandation pour l'Angleterre ou pour les environs du Rhin. Le Prince m'ayant demandé mon avis, je lui dis qu'il n'y avoit qu'un parti à prendre ; c'étoit de remettre cette femme entre les mains de la Police, & d'aller raconter le fait au Roi ou à fes Miniftres. Le Prince m'ayant objecté que la bonté & la générofité de fon cœur s'oppofoient à un parti auſſi violent. « Dans ce cas, lui répliquai-je , vous » n'avez d'autre reſſource que Dieu; il faudra qu'il faſſe le » reſte, & je le ſouhaite ». M. le Cardinal n'ayant pas voulu donner au Comte & à la Comteſſe de la Motte les lettres de recommandation qu'ils déſiroient, ils partirent pour la Bourgogne; & depuis je n'ai pas entendu parler d'eux.

Le 15 Août j'appris, avec tout Paris, que M. le Cardinal de Rohan venoit d'être arrêté.

Quelques perſonnes me prévinrent qu'étant ami de M. le Cardinal je pourrois bien l'être auſſi. Mais, convaincu de mon innocence, je répondis que j'étois réſigné, & que j'attendrois patiemment dans ma maiſon la volonté de Dieu, & celle du Gouvernement.

Le 22 Août, à ſept heures & demie du matin, un Commiſſaire, un exempt, & huit hommes de la Police, ſe tranſportent chez moi. Le pillage commence en ma préſence; on me force d'ouvrir mes ſecrétaires. Elixirs, baume, liqueurs précieuſes, tout devient la proie des Sbires chargés de m'eſcorter. Je prie le Commiſſaire (1) de me permettre de me ſervir de ma voiture. Il a l'inhumanité de me refuſer ce léger adouciſſement. On me traîne à pied avec le plus grand ſcandale juſqu'à moitié chemin de la Baſtille. Un fiacre ſe préſente; j'obtiens la grace d'y monter. Le terrible pont-levis ſe baiſſe, & je me vois conduit.... mon épouſe a ſubi le même ſort. Ici je m'arrête en frémiſſant. Je tairai ce que j'ai ſouffert. J'épargnerai à la ſenſibilité du Lecteur, une image également douloureuſe & revoltante. Je ne me permettrai qu'un ſeul mot, & j'atteſte le Ciel que

---

(1) Mᵉ Chénon, le fils.

ce mot eſt l'expreſſion de la vérité. Si l'on me donnoît le choix entre le dernſer ſupplice & ſix mois de Baſtille, je dirois ſans héſiter « Conduiſez moi à la Gréve ».

Croiroit-on que l'innocence puiſſe être réduite à un tel dégré d'infortune, qu'un décret de priſe de corps ſoit pour elle un bienfait de la Providence. Telle a été ma ſituation. Loſqu'après cinq mois de captivité j'ai reçu la ſignification de ce décret tant déſiré, l'Huiſſier m'a paru un Ange du Ciel deſcendu dans ma priſon, pour m'annoncer, avec des Juges, la liberté de voir un Conſeil, & la faculté de me juſtifier.

Le décret eſt du 15 Décembre; il m'a été ſignifié le 30 Janvier; & le même jour j'ai ſubi interrogatoire.

Je croirois n'avoir rempli qu'imparfaitement la promeſſe que j'ai faite au Public, de me montrer tel que je ſuis, ſi je ne mettois pas ſous ſes yeux une piéce qui peut l'éclairer ſur mon caractère, mon innocence, & la nature de l'accuſation intentée contre moi.

INTERROGATOIRE (1) *ſubi par le Comte DE CAGLIOSTRO, le 30 Janvier 1786.*

DEMANDE. Quel eſt votre âge?

RÉPONSE. 37 à 38 ans.

D. Votre nom?

R. Alexandre Caglioſtro.

D. Le lieu de votre naiſſance?

R. Je ne puis aſſurer ſi je ſuis né à Malte, ou à Médine; j'ai toujours été avec un Gouverneur qui m'a dit que mon extraction étoit noble, que j'ai perdu mes père & mère à l'âge de 3 mois, &c.

____

(1) Il a été écrit de mémoire, mais ma mémoire eſt bonne, & je puis aſſurer au Lecteur qu'il n'y a dans cet Interrogatoire aucune omiſſion eſſentielle.

D. Combien y a-t-il de temps que vous êtes à Paris?

R. J'y fuis arrivé le 30 Janvier 1785.

D. Quand vous y êtes arrivé, dans quel endroit avez-vous été logé?

R. Au Palais-Royal, dans un Hôtel-garni où je fuis refté vingt jours plus ou moins.

D. Quand vous êtes arrivé, aviez-vous avec vous l'argent néceffaire pour monter une maifon?

R. Très-furement, j'avois porté avec moi tout ce dont j'avois befoin pour prendre une Maifon.

D. Où avez-vous pris cette maifon?

R. Dans la rue S. Claude, fur le Boulevard.

D. Qui a pris cette Maifon, vous ou le Prince?

R. J'ai prié M. de Carbonnieres de paffer ce Contrat, n'en ayant jamais fait moi même dans aucune partie du monde; c'eft par ce motif que j'ai prié M. de Carbonnieres de faire les arrangements & les marchés néceffaires, tant pour la Maifon que pour le Tapiffier, la Voiture, &c. & de temps en temps, je lui fourniffois l'argent neceffaire pour payer ces différens objets, dont il me donnoit enfuite les reçus.

D. Qui a pourvu à votre entretien?

R. Toujours moi pour tout.

D. Mais le Prince alloit manger chez vous?

R. Quoiqu'il vint chez moi, ce n'étoit pas moins à mes dépens que cela fe faifoit, quelquefois cependant comme il venoit diner avec fes amis ou protégés, il ordonnoit qu'on apportât de chez lui un ou deux plats; mais, malgré tout cela je ne rembourfois pas moins tous les foirs à mon Cuifinier la dépenfe faite dans le jour.

D. Avez-vous vu le Prince auffi-tôt votre arrivée?

R. Non, mais 2 ou 3 jours après.

D. Quelle chofe vous a-t-il dit auffi-tôt que vous l'avez vu pour la la première fois ?

R. Il m'a engagé de refter à Paris fans voyager d'avantage.

D. Le Prince alloit-il tous les jours manger chez vous ?

R. Dans les commencemens, il venoit rarement dîner; mais, depuis, il venoit 3 ou 4 fois la femaine.

D. Avez-vous connu une Dame apellée *la Motte*?

R. Certainement; la première fois que je la vis, elle me dit que je l'avois vue, en habit d'homme, au bas de mon efcalier, à Srasbourg, qu'elle m'avoit demandé des nouvelles de la Marquife de Boulainvilliers ; que je lui avois répondu qu'elle étoit à Saverne, & qu'elle étoit partie le même jour pour l'aller joindre.

D. L'avez-vous vue depuis ici dans la maifon du Prince ?

R. Très-certainement.

D. Mais étoit-elle avec une de fes Niéces ?

R. Non.

D. Mais vous avez fait une opération avec la Niéce ?

R. Permettez que je vous raconte le fait. (*Voyez la relation, pag.* 25 *& fuivantes.*)

D. On dit que vous avez mis à la fille un crucifix fur le col, & des rubans de couleurs noire, verte, rouge, & autres couleurs, avec un tablier à frange d'argent, & que vous aviez fait jurer à genoux ladite fille ?

R. Cela eft faux. Je crois feulement me reffouvenir que le Prince ajouta à la parure de cette fille, pour lui faire plaifir, quelques rubans. Je crois également que je me trouvai par hazard dans mes poches un tablier de

maçonnerie

maçonnerie ordinaire, mais je ne fuis pas fûr qu'il ait fervi à la fille. Oui ou non ; je m'en rapporte, là-deffus, à la mémoire du Prince, & ce qu'il dira deviendra véritable pour moi.

D. Avez-vous mis une épée, je ne fçais comment, fur la même fille ?

R. Je ne fçais autre chofe finon qu'ayant mon épée au côté, je me fuis défarmé.

D. Et à l'égard du ferment ?

R. Il eft faux. Je vous ai déjà dit la raifon pour laquelle j'ai fait tout ce que j'ai fait dans cette occafion.

D. Eft-il vrai qu'après la feconde opération, la petite fille s'étant retirée, vous avez paffé, avec le Prince & la D^{me} la Motte, dans une autre chambre, au milieu de laquelle il y avoit un poignard, des croix de S.-André, une épée, des crucifix, des croix de Jérufalem, des Agnus Dei, & en outre le nombre de trente bougies allumées ; qu'alors vous aviez fait faire un ferment à ladite D^{me} la Motte, en lui déclarant qu'il étoit néceffaire qu'elle jurât qu'elle ne diroit rien à perfonne de tout ce qu'elle verroit ; que vous aviez dit enfuite au Prince : « Eh bien ! Prince, pre- » nez ce que vous fçavez ; » que le Prince auffi-tôt ouvrit fon fecrétaire, d'où il tira une boîte de bois blanc ovale, rem- plie de diamants fans être montés ; que vous aviez ajouté : » Faites attention, Prince, qu'il y en a une autre que vous » fçavez » & qu'en effet le Prince la prit & qu'il dit à la D^{me} la Motte : « Eh bien, madame, je vous donne fix mille » francs, & ces diamants, vous les donnerez à votre mari, & » vous lui direz de faire promptement le voyage de Londres.

pour vendre & faire monter ces diamants, & de ne point revenir qu'il n'ait exécuté tout cela.

R. Cela est faux, faux & très-faux; & j'ai des preuves du contraire.

D. Quelles sont les preuves que vous pouvez produire?

R. D'abord, toutes les fois que s'est fait ce Magnétisme, c'est M. de Carbonnières qui a préparé la chambre; &, après la seconde opération achevée, il entra une personne respectable que je ne veux point nommer; mais le Prince Louis vous dira quelle est cette personne, parce que je ne veux point appeller un homme *respectable* pour une pareille bêtise. Le Prince Louis & ces deux personnes pourront bien dire qu'il n'y avoit dans la chambre ni croix, ni poignard, ni Agnus Dei; que tout ce qu'on a pû dire, à cet égard, est faux, & qu'il n'a point été prononcé de serment; toute la maison du Prince peut-être appellée en témoignage contre l'histoire des 5b bougies; les domestiques déposeront si la chambre étoit plus éclairée qu'à l'ordinaire.

D. Est-il vrai que vous ayez donné l'espérance au Prince de le faire avancer dans le Ministère?

R. Cela est faux, lui ayant toujours conseillé de quitter Paris, & de se retirer à Saverne, parce qu'il pourroit y faire beaucoup plus de bien, & vivre plus tranquillement.

D. Est-il vrai que vous ayez dit ou fait croire au Prince, que votre femme étoit l'amie intime & confidente de la Reine, & qu'elle entretenoit une correspondance journalière avec la Reine?

R. Parbleu, cela est trop fort; &, si le Prince dit cela, avec tout le respect que je lui dois, je dis que c'est une imposture.

M. le Rapporteur, me montrant alors un petit billet, me dit:

D. Connoissez-vous ce billet; oui, ou non ?

L'ayant bien examiné , & reconnu pour une écriture contrefaite, je répondis :

R. Je ne sçais ce que c'est que ce Billet, & je n'en connois point l'écriture; ma femme & moi n'avons *jamais été à Versailles*; & jamais nous n'avons eu l'honneur de connoître la Reine; jamais nous ne sommes sortis de Paris. De plus, ma femme *ne sçachant point écrire* (1), comment tout cela pourroit-il être possible?

D. Le Prince ne vous a-t-il jamais donné des diamants ni a votre épouse?

R. Jamais je n'ai sçu d'autre chose que ceci.

Lorsque j'étois à Strasbourg, j'avois une pomme de canne très-curieuse, contenant une montre à répétition , entourée de diamants, j'en fis cadeau au Prince, il voulut m'offrir quelques autres bijoux en échange; mais je les refusai, ayant toujours eu plus de plaisir à donner qu'à recevoir. Il est vrai que toutes les fois qu'arrivoit la fête de ma femme, le Prince lui faisoit quelques présens; mais je crois que tous ont consisté en ceci : dans un Saint-Esprit, dans un entourage de mon portrait qui étoit en perle, & que le Prince fit remplacer par de petits diamants, & dans une petite montre avec sa chaîne en petits diamants, dont il y en avoit cinq un peu plus gros que les autres; quant au reste de mes diamants, ils sont connus dans toutes les Cours Etrangères où j'ai été. La preuve est facile à faire. Je suis à la Bastille ; ma femme y est également , ainsi que toute ma

______

(1) Il arrive souvent que les dames Romaines, les mieux élevées, ne sçavent pas écrire. C'est une précaution que l'on prend pour éviter les intrigues d'amour.

fortune. Vous n'avez qu'à examiner & vous convaincre de la vérité.

D. Mais vous faites de la dépenfe ; vous donnez beaucoup , vous ne prenez rien ; vous .payez tout le monde ; comment faites vous donc pour avoir de l'argent ?

R. Cette demande n'a aucun rapport au fait dont il s'agit ; mais je veux bien vous fatisfaire. Eh ! qu'importe de fçavoir fi je fuis le fils d'un monarque , ou le fils d'un pauvre , & pourquoi je voyage fans vouloir me faire connoître ? qu'importe de fçavoir comment je fais pour me procurer de l'argent ? auffi-tôt que je refpecte la Religion & les Loix , que je paye tout le monde , que je ne fais que du bien & jamais de mal , la queftion que vous me faites devient inutile & ne convient point. Mais fçachez que j'ai toujours eu du plaifir de ne point fatisfaire là-deffus la curiofité du Public , malgré tout ce qu'on a dit de moi lorfqu'on a débité que j'étois l'homme de 1400 ans , le Juif errant ,l'Ante-Chrift , le Philofophe inconnu , & enfin toutes les horreurs que la malice des méchants pouvoit inventer. Je veux bien cependant vous avouer ce que je n'ai jamais voulu dire à perfonne. Apprenez que la reffource que j'ai eft qu'auffi-tôt que je vais dans un pays, j'ai un *banquier* qui me fournit tout ce qui m'eft néceffaire , & qui en eft rembourfé enfuite. Comme , par exemple pour la France , j'ai *Sarrafin de Bafle* , lequel me donneroit toute fa fortune fi je la voulois , ainfi qu'à Lyon M. *Sancoftar ;* mais j'ai toujours prié ees M.M. de ne jamais dire qu'ils étoient mes *Banquiers ;* & j'ai, en outre , d'autres reffources dans diverfes chofes qui me font connues.

D. Le Prince vous a-t-il fait voir un billet avec la fignature *Marie-Antoinette de France.*

R. Je crois que , 15 ou 20 jours avant d'être arrêté , il me montra le billet dont vous me parlez.

D. Qu'est-ce que vous en avez dit ?

R. J'ai dit que je ne pouvois pas croire autre chofe finon que la Dame de la Motte étoit une fourbe , & qu'elle trompoit le Prince. En effet j'ai toujours dit au Prince de prendre garde à elle , & qu'elle étoit une fcélérate ; mais le Prince n'a jamais voulu me croire , & j'ai conftamment penfé que le billet étoit faux.

D. Voyez ce billet , & dites-moi fi c'eft le même ?

M. le Raporteur me montra alors un billet dans lequel je vis le nom de *Marie-Antoinette de France*. Mais , ayant remarqué qu'il étoit rempli de chiffres , je repondis :

R. Je ne puis attefter que ce foit le même , parce qu'il s'y trouve des chiffres que je n'y avois pas vûs.

D. Mais fçachez que ces chiffres font faits par nous.

R. Cela eft égal pour moi ; je dis qu'en ma confcience je ne puis pas certifier que ce foit le même ; & , outre cela je l'avois trop peu examiné parce que comme c'étoit une affaire qui ne me regardoit pas , il ne m'importoit guères de fçavoir s'il étoit vrai ou faux.

D. Eft-il vrai qu'avant d'entrer à la Baftille vous vouliez acheter une maifon de 150 mille écus.

R. Cela eft faux. Je me fouviens feulement qu'un jour , en me faifant coeffer par mon perruquier , quelques perfonnes me parlèrent d'un pavillon qu'une compagnie de mes amis vouloit acheter , & que je dis que bien volontiers je le prendrois pour moi ; mais je ne tins ce propos qu'en l'air , & fans deffein ; les perfonnes qui vouloient acheter cette maifon étoit M. de Bondy & autres.

Nota. L'Interrogatoire étoit clos lorſque je me ſuis rappellé cette dernière circonſtance. M. le Rapporteur n'a pas cru qu'il fût néceſſaire de l'ajouter à ma réponſe.

J'ai promis qu'après m'être fait connoître, je répondrois en ce qui me concerne, aux imputations injurieuſes que s'eſt permiſes la Comteſſe de la Motte. Cette tâche ſera auſſi fatiguante pour moi, que faſtidieuſe pour le Public. N'importe ; je la remplirai ſcrupuleuſement, en priant toutefois les Lecteurs qui me connoiſſent, & ceux qui ſont faits pour m'apprécier, de ne pas ſe donner la peine de lire cette partie de ma défenſe.

RÉFUTATION de la partie du Mémoire de la Comteſſe DE LA MOTTE, qui concerne le Comte de CAGLIOSTRO.

EXTRAIT DU MÉMOIRE.

La Comteſſe de la Motte débute ainſi, dès ſon exorde, page 3.

« Ici s'introduit l'un de ces perſonnages que le Vulgaire
» ignorant appelle des Hommes extraordinaires, *Empirique*,
» Rêveur ſur la Pierre Philoſophale, *Faux Prophète* dans
» les Sectes dont il ſe dit inſtruit, *Profanateur* du ſeul culte
» vrai, & qualifié par lui-même *Comte de Caglioſtro*. Oui,
» *dépoſitaire*, de la part de M. de Rohan, du ſplendide Col-
» lier, Caglioſtro l'a dépecé pour en groſſir le thréſor oculte
» d'une fortune inouie ».

OBSERVATIONS.

Quelque choſe qu'on ait pu dire du ſtyle qui régne dans la Défenſe de la Comteſſe de la Motte, il a du moins un

avantage inconteſtable , c'eſt celui de renfermer beaucoup
d'injures dans un petit eſpace. Au ſurplus mon intention
n'eſt pas de m'ériger en cenſeur de la partie grammaticale
du Mémoire; j'aurois même paſſé ſous ſilence cette légère
obſervation, ſi, contente de bleſſer la Langue, la Comteſſe
de la Motte eût reſpecté, dans ſes Ecrits, le Public, la décence & la Vérité.

Paſſons donc aux injures.

« *Empirique* dans l'art des cures humaines ».

Empirique ! Je me rappelle d'avoir ſouvent entendu ce
mot dans la bouche de certaines perſonnes ; mais je n'ai
jamais pu ſçavoir au juſte ce qu'il ſignifioit. Auroit-on voulu
par là déſigner un homme qui, ſans être Docteur, a des connoiſſances en Médecine, qui va voir les malades, & ne fait
point payer ſes viſites, qui guérit les pauvres comme les
riches, & ne reçoit d'argent de perſonne : en ce cas, j'en
conviens, j'ai l'honneur d'être *Empirique*.

« *Bas* Alchimiſte ».

Alchimiſte ou non, la qualification de *bas* ne convient
qu'à ceux qui demandent & qui rempent ; & l'on ſçait ſi
jamais le Comte de Caglioſtro a demandé des graces ou des
penſions.

« *Rêveur* ſur la Pierre Philoſophale ».

Quelque ſoit mon opinion ſur la Pierre Philoſophale, je
me ſuis tu ; & jamais le Public n'a été importuné de mes
rêveries.

« Faux Prophéte , &c. ».

Je ne l'ai pas toujours été. Si M. le Cardinal de Rohan
m'eût cru, il ſe ſeroit défié de la Comteſſe de la Motte ;
& nous ne ſerions pas où nous ſommes.

» *Profanateur* du feul Culte vrai ».

Ceci eft plus férieux. J'ai toujours refpecté la Religion. Je livre ma vie & ma conduite extérieure à l'inquifition des Loix : quant à mon intérieur, Dieu feul peut m'en demander compte.

« *Qualifié* par lui-même *Comte de Caglioftro* ».

J'ai porté dans toute l'Europe le nom de *Caglioftro* : Quant à la qualité de *Comte*, on peut juger par l'éducation que j'ai reçue, & par les égards qu'ont eus pour moi le Muphti Salahaym, le Chérif de la Mecque, le grand Maître Pinto, le Pape Rezzonico, & la plupart des Souverains de l'Europe, fi ce n'eft pas plutôt un déguifement qu'une *qualification*.

« *Dépofitaire* du fplendide Collier ».

Je n'ai jamais été *dépofitaire* du Collier; je ne l'ai jamais *vu*.

« Caglioftro l'a *dépecé* pour en groffir *le thréfor occulte* d'une » *fortune inouie* ».

Si ma *fortune* eft *inouie*, fi je fuis poffeffeur d'un *thréfor occulte*, je n'avois donc pas befoin, pour m'enrichir, de *dépecer* un collier.

Quand un homme eft affez riche, affez grand pour avoir pû dédaigner, toute fa vie, les bienfaits des Souverains, & pour avoir refufé conftamment des dons que le commun des hommes peut recevoir fans s'avilir, il ne flétrit pas, en un moment, la gloire d'une vie fans reproche; il ne defcend pas tout à-coup de la magnificence d'un Prince à des actions déshonorantes, où l'homme ne peut être conduit que par un excès d'inconduite & de diffipation.

E X T R A I T

EXTRAIT DU MÉMOIRE.

La Comteffe de la Motte continue :

« Pour voiler fon *vol*, Caglioftro a commandé à M. de
» Rohan, *par l'empire qu'il s'eft créé fur lui*, d'en faire ven-
» dre & d'en faire monter de foibles parçelles à Paris *par la*
» *Comteffe de la Motte*; d'en faire monter & vendre des por-
» tions plus confidérables, en Angleterre, *par fon mari* ».

OBSERVATIONS.

L'intention de la Comteffe de la Motte dans cette fable
dénuée de vraifemblance, a été de tourner en ridicule la
perfonne de M. le Cardinal de Rohan, en le repréfentant
non comme mon ami, mais comme un efclave tellement
foumis à mes volontés, qu'en lui *commandant* de fe rendre
complice d'un *vol* dont le bénéfice eût été tout entier pour
moi, il n'héfite pas à *m'obéir*.

Une pareille affertion, réuniffant à la fois l'extravagance
& l'indécence, ne mérite pas une réponfe férieufe.

Elle peut cependant devenir précieufe au procès, en ce
qu'elle contient un aveu formel qu'une partie des diamants
provenant du collier, a été vendue en France par la Comteffe de la Motte; & qu'une autre partie l'a été en Angleterre par le Comte de la Motte.

EXTRAIT DU MÉMOIRE.

On trouve dans le Mémoire de la Comteffe de la Motte
page 23, ces expreffions :

F

« Ce font ici les *vaftes projets* de Caglioftro, qui, voilés
» d'abord, fe font *développés* par des *commencements*, des *pro-*
» *grès*, une *iffue* également meurtrière pour M. le Cardinal
» & la D^{me} de la Motte ».

O B S E R V A T I O N S.

Les développements dont parle ici la Comteffe de la
Motte, ces *vaftes projets* qui font d'abord *voilés* & qui fe
dévelopent enfuite par des *commencements*, des *progrès*, une *iffue*,
fuppofent au moins une année entière, confacrée à l'intrigue,
avant de parvenir à fe rendre maître du Collier.

Mais comment concilier cette fuppofition avec la vérité ?

Je fuis venu à Paris en 1783 pour la première fois ;
mais je n'y ai refté que treize jours, occupé du matin au foir
à traiter des malades ; ce n'eft certainement pas alors que
j'ai pû m'occuper d'intrigue. Voyons s'il eft poffible que
je m'en fois mêlé dans mon dernier voyage.

La plainte rendue par M. le Procureur-général annonce
que les négociations, relatives au Collier, ont été faites à
la *fin de Janvier* 1785 ; elle annonce que c'eft le 29 *Jan-*
vier que les Jouaillers ont mis leur acceptation au bas des
propofitions préfentées par M. le Cardinal de Rohan, &
que le Collier a été livré dans la matinée du *premier Février*.

Je fuis arrivé à Paris (le fait eft facile à vérifier) *le* 30
Janvier 1785, à neuf heures du foir.

Tout étoit donc confommé lors de mon arrivée, fi l'on
en excepte la livraifon du Collier qui a eu lieu *trente-fix*
heures après.

J'étois à Lyon pendant le temps des négociations.

J'étois à Bordeaux dans le temps de *l'apparition de la fauſſe Reine* dans les boſquets de Trianon.

Je ſerois donc arrivé à Paris exprès pour recueillir le fruit d'une intrigue qu'un autre que moi auroit tramée.

Quelle abſurdité !

Et je ſuis décrété de prife de corps !

Et les voûtes de la Baſtille retentiſſent depuis ſix mois de mes gémiſſemens & de ceux de mon époufe infortunée !

Et les cris de l'innocence opprimée n'ont pas encore pu frapper l'oreille du plus juſte des Rois.

Mais continuons la lecture du libelle.

EXTRAIT DU MÉMOIRE.

La Comteſſe de la Motte, après avoir prétendu prouver la néceſſité de me décréter, & m'avoir traité d'*eſcroc*, d'*être aërien*, *&c.* s'exprime ainſi :

« Que repondra-t-il au premier article de ſon Interro-
» gatoire ? Soñ nom, ſon ſurnom, ſes qualités..... lui
» le Comte, *la femme attachée à ſa fortune* la Comteſſe de
» Caglioſtro. »

OBSERVATIONS.

Ce n'étoit donc pas aſſez au défenfeur de la Comteſſe de la Motte de me calomnier, de m'injurier. Il m'attaque dans la partie la plus fenfible de mon exiſtence. Il veut avilir mon époufe. Ah ! j'aurois pu pardonner ce qui m'é-toit perſonnel. Mais ma femme ! que lui a-t-elle fait ? qu'a-t-elle fait à la Comteſſe de la Motte ? Comment un homme qui a un caractère public, fe permet-il d'en abufer pour abreuver d'amertume le cœur d'une créature innocente &

vertueufe, qui n'eft point fa partie adverfe, contre laquelle il n'y a ni plainte ni décret, à laquelle lui-même ne peut rien reprocher que le malheur d'avoir uni fa fortune à la mienne.

Ce qu'il y a de certain c'eft que depuis feize années que j'ai le bonheur d'être uni à la Comteffe de Caglioftro par les nœuds les plus légitimes, elle ne m'a jamais quitté ; que jamais elle n'a fait un pas qui ne puiffe être avoué par la plus févère décence & la plus fcrupuleufe délicateffe, & que, s'il eft dans la Nature une femme que la calomnie a du refpecter, c'eft la mienne.

Quant aux preuves qu'on prétend être en droit d'exiger de la célébration de notre mariage, je m'engage, s'il le faut, à les rendre publiques, lorfque j'aurai recouvré la liberté & mes papiers.

EXTRAIT DU MÉMOIRE.

La Comteffe de la Motte ofe dire qu'un de mes domeftiques fe vante d'être depuis 150 ans à mon fervice; que quelquefois je me donne 300 ans; que, d'autres fois, je me vante d'avoir affifté en Galilée aux noces de Cana, & que c'eft pour parodier la *transformation miraculeufe des efpéces dénaturées* que j'ai imaginé *de multiplier le collier dépecé en cent manières & cependant remis entier*, dit-t-on, *à une augufte Reine* ;

Que je fuis tantôt *Juif* Portugais, tantôt *Grec*, tantôt *Egyptien d'Alexandrie*, dont j'ai rapporté en Europe les allégories & les *fortiléges*,

Que je fuis un de ces *extravagans rofe-croix* qui poffédent l'art de faire converfer avec les morts; que je traite les pau-

vres pour rien , mais que je *vends* pour quelque chofe *l'immortalité aux riches.*

Que ma fociété eft compofée de vifionnaires de tous les
rangs.

Elle finit par donner à entendre que j'ai fait quelques
mauvaifes actions dans certaines Cours de l'Europe , &
que quelques unes font de la connoiffance de la D^{me}
Bohmer.

O B S E R V A T I O N S.

On s'attend bien que je ne répondrai pas en détail à ce
torrent d'injures & d'abfurdités.

Je l'ai déjà dit ; j'ai été élevé comme fils de Parens Chrétiens. Je n'ai jamais été ni Juif ni Mahométan. Ces deux
Religions laiffant fur ceux qui les ont profeffées des em-
preintes ineffaçables ; on peut conftater la vérité de ce que
j'avance ; &, plutôt que de laiffer à cet égard l'ombre d'un
doute , je me foumettrai , s'il le faut , à une vérification
plus honteufe pour ceux qui l'exigent que pour celui qui
la fouffre.

Au furplus je défirerois bien que la Comteffe de la Motte
daignât particularifer les faits qu'elle m'impute. Qu'elle dife
fans crainte quel eft le *riche* à qui j'ai vendu *l'immortalité.*
Qu'elle veuille bien citer un feul de ces *hauts faits* qui
m'ont fait connoître *dans les Cours de l'Europe* ; fur tout je
la défie de déclarer quelles font parmi les mauvaifes actions qu'elle m'impute celles qui font à la connoiffance de
la D^{me} *Bohmer.*

Si la Comteffe de la Motte , contente de me dire des injures vagues , & de faire , en parlant de moi , des réticences

perfides , ne répond pas à des défis auffi formels , je lui dé-
clare, une fois pour toutes , que je me contenterai , moi , de
faire à toutes fes réticences , à toutes fes injures paffées ,
préfentes & futures , une réponfe bien laconique , bien
claire , bien énergique , que l'auteur des Provinciales faifoit autrefois, en pareil cas , à une fociété puiffante , réponfe
que la civilité me défend de mettre en françois , mais que
la Comteffe de la Motte pourra fe faire expliquer par fes
confeils , *mentiris impudentiffimè.*

E X T R A I T D U M É M O I R E.

La D^{me} de la Motte raconte enfuite , à fa manière ,
l'hiftoire du Magnétifme exercé fur fa niéce. C'eft-à-dire
en y ajoutant une foule de circonftances contraires à la vérité , & en y faifant entrer l'hiftoire du Collier avec une
maladreffe & une invraifemblance qu'elle ne prend pas même
le foin de déguifer.

Elle met dans la bouche de M. le Cardinal de Rohan ,
Academicien , homme de Cour , des phrafes d'une plati-
tude tellement révoltante que le dernier des laquais rou-
giroit de les avoir proférées. Elle entend derrière un paravent le *cliquetis* des baifers qu'un *bel ange* & fa Niéce fe
donnent réciproquement.

Sur une table font accumulés les objets les plus propres
à exciter la terreur. Ce font des épées croifées , des rubans
de différentes couleurs, des croix de différents Ordres, un
poignard & une *caraffe d'eau extrêmement claire ;* & , pour
comble d'horreur , « ce *fombre* fpectacle eft *éclairé* par un
» luminaire étonnant ».

A la fuite de ce bizarre appareil , je fais jurer à la Comteffe de la Motte de garder le fecret ; puis j'ordonne au Prince d'aller chercher une *grande boîte blanche*. Nous l'ouvrons ; & le Prince donne la commiffion à la Comteffe de la Motte de vendre & de faire vendre par fon mari, une certaine quantité de Diamants.

O B S E R V A T I O N S.

Il faut, ou que la Comteffe de la Motte ait perdu tout-à-fait la tête, ou qu'elle ait une bien grande confiance dans la crédulité de fes Juges, pour efpérer qu'elle pourra fe tirer d'affaire, en débitant de femblables abfurdités.

J'ai déjà rendu compte, page 25 & fuivantes, du fait, tel qu'il s'eft paffé, & du motif honnête qui m'avoit porté à me prêter à cette comédie. M. le Prince de Luxembourg & M. de Carbonnières (1) pourront attefter, s'il en eft befoin, la vérité de la réponfe portée dans mon Interrogatoire.

E X T R A I T D U M É M O I R E.

« Le premier ou le deux Août, M. le Cardinal montra à » la Comteffe de la Motte une petite lettre à vignettes, qu'il » plia de haut & de bas, pour ne lui laiffer lire que le » milieu. La Dame la Motte lit : (ceci mérite attention) » *J'envoye par la petite Comteffe....* & à la fuite un nombre » de chiffres que la Dame de la Motte ne put pas addi- » tionner, elle lit encore : *Pour tranquillifer ces malheureux*, » *je ferois fâché qu'ils fuffent dans la peine.* A cette lecture,

---

(1) Auteur de l'excellente Traduction des *Voyages de Coxe.*

» M. de Rohan s'écrie : « M'auroit-elle trompé ! la petite
» Comteffe ! Mais cela eft impoffible ; je connois trop *Ma-*
» *dame de Caglioftro* ». Et point d'équivoque ici avec la
» Comteffe de la Motte, qui étoit préfente, à qui il auroit
» dit : *M'auriez-vous trompé ?* Mais je connois trop *Madame*
» *de Caglioftro* ».

O B S E R V A T I O N S.

Toujours des fables ; jamais ni preuves ni vraifemblance.
Que veut dire la Comteffe de la Motte par cet entortil-
lage ? A qui la lettre étoit-elle adreffée ? Elle ne parle pas
de l'adreffe. Par qui étoit-elle écrite ? Par mon époufe ? J'ai
déjà dit qu'elle ne fçavoit pas écrire. Par moi ? Je n'écris
jamais en François, & très-rarement en Italien. Par M. le
Cardinal de Rohan ? Pourquoi n'auroit-il lu à la Comteffe
de la Motte qu'une partie de la lettre, & lui auroit-il
foigneufement caché le furplus ? Pourquoi cette exclama-
tion en lifant trois ou quatre mots d'une lettre écrite
par lui ? Quelle eft cette tromperie dont il foupçonne
un inftant mon époufe ? Pourquoi, en parlant d'elle, la
nomme-t-il tantôt, avec familiarité, *la petite Comteffe*, tantôt avec refpect, *Madame de Caglioftro ?* Ce que l'on voit
clairement dans cette partie du Mémoire de la Comteffe
de la Motte, c'eft que, pour me porter tous les coups à la
fois, elle a cherché à impliquer mon époufe dans une affaire dont elle n'a jamais eu la plus légère connoiffance.

E X T R A I T D U M É M O I R E.

La Comteffe de la Motte termine ainfi fa longue diatribe :

» Il

« Il faut que le *Perfonnage* apprenne, par une nouvelle
» Inftruction, que, fi depuis long-temps des Tribunaux éclai-
» rés ne condamnent plus à des *peines capitales* le *fortilége*,
» proprement dit, les mêmes Tribunaux fe font réfervé des
» cenfures, lorfque le *fortilége* eft accompagné de *maléfices*,
» de *vols*, d'*efcroqueries*, & fur-tout lorfqu'il fe multiplie par
» des *éléves* & dans des *écoles* ».

O B S E R V A T I O N S.

Ainfi la Comteffe de la Motte regrette de n'être plus dans
ces temps heureux, où une accufation de *fortilége* m'eût conduit au bûcher. Ainfi la Comteffe de la Motte me repré-
fente comme formant des éléves en *forcellerie*, & leur donnant des leçons de *vol* & d'*efcroquerie*. Quels font donc les
hommes affez vils pour venir écouter les leçons d'un tel maître? Ce ne fera certainement pas dans ma fociété que la Comteffe de la Motte pourra les trouver. Je ne crois pas devoir
citer ici les perfonnes qui m'ont fait l'honneur de fréquenter
ma maifon; mais je puis dire, avec vérité, qu'il n'en eft
pas un feul que l'homme le plus délicat & le plus difficile
dans fes liaifons ne fût honoré de connoître.

Au furplus, je fuis perfuadé que la Comteffe de la Motte
m'a fait tout le mal qu'elle m'a fait, moins par haine contre moi, que dans le deffein de fe juftifier; mais, quelle
qu'ait été fon intention, je lui pardonne, autant qu'il eft en
moi, les larmes amères qu'elle ma fait répandre. Et qu'elle
ne penfe pas que ce foit de ma part une modération affe-
ctée. Du fein de la prifon où elle m'a entraîné, j'invoquerai
pour elle la clémence des Loix; &, fi, lors qu'enfin mon

G

innocence & celle de mon époufe feront reconnues, le plus jufte des Rois croit devoir quelque dédommagement à un Etranger infortuné, qui ne s'étoit fixé en France que fur la foi de fa parole royale, de l'hofpitalité & du droit des gens; la feule fatisfaction que je demande, c'eft que Sa Majefté veuille bien accorder, à ma prière, la grâce & la liberté de l'infortunée Comteffe de la Motte.

Cette grâce, fi je l'obtiens, ne peut bleffer la Juftice. Quelque coupable que puiffe être la Comteffe de la Motte, elle eft affez punie. Ah! l'on peut en croire ma douloureufe expérience; il n'eft point de forfaits que fix mois de Baftille ne puiffent expier.

Vous avez lu, Juges & Citoyens! Tel eft l'homme qui fe fit connoître à Strafbourg, à Bordeaux, à Lyon, à Paris, fous le nom de *Comte de Caglioftro*. J'ai écrit ce qui fuffit à la Loi, ce qui fuffit à tout autre fentiment que celui d'une vaine curiofité.

Direz-vous que ce n'eft pas affez? Infifterez-vous encore pour connoître plus particulièrement la Patrie, le nom, les motifs, les reffources de cet inconnu? Que vous importe, François? Ma Patrie eft, pour vous, le premier lieu de votre Empire où je me fuis foumis avec refpect à vos Loix; mon nom eft celui que 'ai fait honorer parmi vous; mon motif eft *Dieu*; mes reffources, mon fecret. Quand, pour foulager l'infirme, ou pour nourrir l'indigent, je demanderai à être admis ou dans vos Corps de médecine, ou dans vos fociétés de bienfaifance; alors vous m'interrogerez; mais faire, au nom de Dieu, tout le bien que je puis faire, eft un droit qui n'exige, ni nom, ni Patrie, ni preuves, ni caution,

François ! n'êtes-vous que curieux ? vous pouvez lire ces vains écrits où la malice & la légèreté se sont plues à verser sur *l'ami des hommes* l'opprobre & le ridicule.

Voulez-vous, au contraire, être bons & justes ? n'interrogez point ; mais écoutez & aimez celui qui respecta toujours les Rois, parce qu'ils sont dans les mains de Dieu, les Gouvernements parce qu'il les protége, la Religion par ce qu'elle est sa loi, la loi parce qu'elle en est le supplément, les hommes enfin, parce qu'ils sont comme lui ses enfans.

Encore une fois, n'interrogez point ; mais écoutez & aimez celui qui est venu parmi vous faisant le bien, qui se laissa attaquer avec patience, & se défendit avec modération.

Signé, le Comte *DE CAGLIOSTRO*.

M. *TITON DE VILLOTRAN*, *Rapporteur.*

Me THILORIER, Avocat.

BRAZON, Proc.

De l'Imprimerie de LOTTIN l'aîné, & LOTTIN *de S.-Germain*, Imprimeurs-Libraires Ordinaires de la VILLE, rue S.-André-des-Arcs (N° 27) *Février* 1786.

9 782329 668659